Eric Volpe

PROTEGGI LA TUA IMPRESA SALVA I TUOI CREDITI

© 2015 - DEP635606458480236571

Per contatti:

Eric Volpe

www.slvolpe.com, ericvolpe.skype,

T. 0141721343, F. 0141724101, M. evolpe@volpestudiolegale.it

Prima edizione digitale 2015.

L'Autore - Eric Volpe

Nato nel 1973. Avvocato civilista, iscritto all'Albo presso l'Ordine degli Avvocati di Alessandria. Laureato in giurisprudenza presso l'Università degli Studi del Piemonte Orientale, da quindici anni svolge professione forense presso lo Studio Legale Volpe, con sedi in Milano, provincia di Asti e Londra (www.slvolpe.com). Ha conseguito un Master in convenzione con il Dipartimento di Scienze Giuridiche dell'Università del Salento per l'esercizio della professione di curatore fallimentare. Ha maturato ampia formazione professionale in materia contrattualistica e di *English Law & Business Contract*. E' Presidente del *Board of directors* di incorporate con sede a Sarasota (Florida - USA), società che si occupa di real estate con capitali provenienti da investitori italiani.

Introduzione

Come avvocato civilista, dopo aver conseguito un master per lo svolgimento dell'attività di curatore fallimentare ed aver assunto la carica di amministratore di in-corporate (che è l'equivalente di S.p.A. italiana) che si occupa di *real estate* su uno dei mercati immobiliari più dinamici al mondo, ho particolarmente presente l'importanza che ogni credito, anche il più piccolo, ha per l'impresa.

Sono numerose le pratiche di recupero crediti che ho seguito in questi anni e molto (troppo) spesso mi è capitato di assistere imprese che non hanno affatto avuto una gestione corretta del rapporto col cliente.

Ancora oggi, molti rapporti nascono sulla scorta di semplici *"strette di mano"*. Oppure vengono consacrati in contratti raffazzonati ed inadeguati. In ogni caso, manca sempre una sana e puntuale regolamentazione di diritti ed obblighi delle parti.

Il principio che sta alla base, ad esempio, di un contratto verbale è nobile: la fiducia. Giunto, però, il momento del pagamento del credito da parte del cliente, il rischio che questo principio venga "assassinato" è elevatissimo.

Questo modo di gestire i rapporti col cliente non va bene. Origina complicazioni inutili per l'impresa (e per l'avvocato) in ordine a questioni (i recupero crediti) che non dovrebbero per nulla avere profili di complessità (una parte deve pagare, l'altra deve ricevere il denaro).

Ho constatato che queste complicazioni sono sempre conseguenza di tre precisi fattori:

a) **scelte superficiali dei clienti da parte dell'impresa**. Molto spesso, un'impresa accetta qualsiasi cliente pur di creare fatturato e di poter incassare denaro. La scelta del cliente avviene "a scatola chiusa", senza quindi condurre una verifica in ordine al soggetto col quale magari poi si dovrà avere a che fare per mesi, se non per anni;

b) **totale assenza o inadeguatezza di contratti scritti**. Come ho avuto modo di dire, spesso - soprattutto in piccoli contesti - il contratto che regola i rapporti tra impresa e cliente è addirittura verbale. E se non è verbale, allora nella maggior parte dei casi il contratto è "scaricato" da qualche sito internet e (mal) confezionato per l'esigenza del caso;

c) **pessima gestione del recupero crediti stragiudiziale**. A volte passa molto (troppo) tempo tra l'inadempimento del cliente e l'avvio della fase di recupero crediti. Nel frattempo il debitore può diventare invisibile. In molti casi l'impresa si improvvisa avvocato e scrive lettere piene di strafalcioni giuridici, contenenti frasi controproducenti e pericolose. Molti ancora non sanno neppure che il ritardo nel pagamento da parte del cliente legittima l'applicabilità, in alcuni casi, di **interessi di mora** con tassi particolarmente elevati (di poco inferiori al 10%).

Tutti questi problemi hanno due matrici comuni.

La prima: l'impresa, anche quando non dovrebbe, **evita l'avvocato** perché nell'immaginario collettivo non ha un'ottima fama e, comunque "è caro".

Lo so - e me ne sono fatto una ragione - è almeno dai tempi de "*I promessi sposi*" che gli avvocati hanno questa fama ("*azzeccagarbugli*"). Negli Stati Uniti sono innumerevoli le ironie sugli avvocati, da tutti ribattezzati "*squali*" (il titolo "*Shark Tales - True (and Amazing) Stories From America's Lawyers*" del libro di Ron Liebman è eloquente).

Al di là dell'ironia, sappiamo tutti benissimo che i rapporti tra imprese e clienti sono governati dal diritto. Fatevene una ragione: gli avvocati sono professionisti del diritto e quindi sono fondamentali.

Questo stesso testo, seppure in un'ottica completamente diversa, è un'ulteriore dimostrazione dell'indispensabilità dell'avvocato.

E' indispensabile per l'impresa, perché acquisisce conoscenze che gli consentono di poter meglio gestire i rapporti coi clienti ed evitare i rischi di perdita di crediti.

Per l'avvocato, perché in questo modo potrà gestire pratiche di recupero crediti senza inutili complessità dovute ad errori della parte che assiste, con tutti i benefici del caso i termini di costi e tempi.

La seconda matrice è data dall'attuale **crisi economica**, associata ad una pressione fiscale che mal si concilia con uno Stato che vuole essere competitivo e che deve rilanciare il suo comparto imprenditoriale.

In queste condizioni l'imprenditore corre ogni giorno nel tentativo di aumentare clienti (alla cieca) e di creare incassi per non soccombere al fisco e a debiti sempre più pesanti.

Aumentare, però, i clienti indiscriminatamente non aumenta affatto gli incassi, bensì **amplifica i rischi di lavorare per nulla e di perdere crediti**.

Sono a tutti noti i motivi che portano a queste perdite.

Dal più noto "*c'è la crisi*" e quindi il credito viene tagliato e/o dilazionato in maniera indecente, con rate che spesso non vengono poi neppure pagate. Al vizio o difetto sbucato dal nulla sul bene o servizio fornito: in questo caso, i pagamenti vengono sospesi nella speranza (per il debitore) che un Tribunale impieghi anni per accertare quel vizio o difetto.

Dalla società che volgarmente viene definita "scatola vuota" (generalmente una s.r.l. totalmente priva di beni e capitali magari con un amministratore pregiudicato o, peggio, "testa di paglia") che quando è il momento di pagare non esiste più. Alle fuga del debitore all'estero.

Quel che si omette spesso di considerare in questi casi è che **la perdita è doppia**: scontata è la perdita conseguente al fatto che l'impresa si trova ad aver fornito un bene o un servizio che non è stato pagato (in tutto o in parte). Si perde, invece, sempre un po' di vista il fatto che per produrre quel bene o servizio non pagato l'impresa ha anche sopportato costi (fornitori, utenze, materiali, dipendenti, etc.) che difficilmente recupererà.

L'imprenditore allora sente di dover correre ancora di più (alla cieca) per cercare di recuperare nuovi clienti e nuovi incassi. Spera di ottenere pagamenti rapidi (magari applicando prezzi un po' gonfiati col rischio di essere pure collocato fuori mercato) e di poter utilizzare quel denaro per tentare di coprire le perdite subite.

Bisogna essere onesti con sé stessi e non far finta di non sapere che in un contesto storico come quello attuale, in Italia, è il debitore che "ha il coltello dalla parte del manico". Lui sa bene che nella maggior parte dei casi il suo creditore ha un bisogno disperato di essere pagato. E quindi ne approfitta sfruttando il ritardo e l'impazienza del creditore per - quantomeno - tagliare il debito: "**pochi, maledetti e subito**".

Si può sicuramente evitare che il debitore abbia la meglio, assumendo innanzitutto come un *mantra* il fatto che **un bene o un servizio fornito, se è di qualità, deve essere pagato per quello che vale**.

Non deve essere svenduto o regalato sulla scorta di "capricci" del cliente.

Basta poi con l'auto-assolversi con scuse banali da veri e propri guai causati dall'impresa: "*come avrei mai potuto sapere che quel cliente non mi avrebbe pagato?*". "*Come avrei potuto sapere che quella società era una scatola vuota?*". "*Chi l'avrebbe mai detto che quel cliente sarebbe scomparso nel nulla?*".

Proprio questo è il primo fondamentale errore che commette l'impresa: **giustificare quello che oggi non può più essere giustificato**.

Illustrerò in questa guida alcune soluzioni pratiche che non sono (né devono essere) di dominio esclusivo dell'avvocato. Sono già di dominio pubblico, eppure non vengono quasi mai considerate dagli imprenditori.

Concedetemi, quindi, di ricordare concretamente e praticamente come un imprenditore, prima di rivolgersi all'avvocato per la disperazione, debba darsi da fare per ridurre, se non eliminare il rischio di perdere i suoi crediti.

Vi ringrazio per l'opportunità.

Eric Volpe

DISCLAIMER

Il presente ebook è una guida pratica. Non è un manuale specifico di diritto. Leggendolo, non si diventa super esperti della materia, in grado di stipulare qualsiasi contratto o di recuperare crediti in ogni condizione. Semplicemente si apprendono accorgimenti che, se correttamente utilizzati, possono ridurre notevolmente il rischio dell'impresa di perdere crediti.

Per esigenze specifiche questo libro non è la soluzione. In questo caso, non improvvisatevi avvocati, ed anzi fatevi subito assistere da un professionista esperto della materia.

Cominciamo da un esempio.

Trovo utile iniziare con un esempio, perché rivela immediatamente come un normale rapporto impresa/cliente, all'apparenza inizialmente vantaggioso, possa rivelarsi un vero e proprio disastro.

E' solo un esempio, ma che deve far riflettere, perché è la sintesi di molti casi tristemente concreti e noti che magari, direttamente o indirettamente, vi hanno già coinvolto.

§

Gennaio 2010

All'impresa edile Alfa viene chiesto un preventivo da parte di Beta s.r.l. - sconosciuta ad Alfa prima d'ora - per la costruzione di un condominio in un cantiere che si trova a molti chilometri di distanza dalla sede di Alfa.

Alfa predispone e consegna subito un preventivo per il prezzo complessivo di € 100.000,00.

Beta s.r.l. approva il preventivo e chiede ad Alfa di accettare l'incarico.

Alfa, che ha delle scadenze di pagamento imminenti nei confronti dell'erario, **senza condurre verifiche sul committente**, accetta l'incarico senza batter ciglio.

Il committente predispone il contratto che Alfa firma subito, **senza neppure leggere il contenuto, se non superficialmente** e giusto per prendere atto che riceverà ora un acconto € 10.000,00 che considera prezioso per le sue imminenti scadenze verso l'erario. Apprende inoltre che riceverà un ulteriore acconto di € 20.000,00 entro i successivi due mesi che gli consentirà di avere quel che si dice "un po' di ossigeno".

Febbraio 2010

Iniziano i lavori ed Alfa acquista il materiale necessario per eseguire al meglio la sua attività (calce, mattoni, ferro, isolanti, coppi, etc.). Inoltre, Alfa manda tutti i giorni avanti e indietro dalla sede al cantiere i suoi operai con relativi mezzi ed attrezzature (quindi pagando gasolio, pedaggi, ricambi, etc.).

Alfa, però, ha impiegato € 10.000,00 versati in acconto da Beta s.r.l. per pagare debiti verso l'erario e quindi si accorge di avere a disposizione ben poco di quel denaro per far fronte ai costi del nuovo contratto.

Così decide di attingere da altre fonti: chiede un affidamento bancario, impegnandosi a pagare interessi al tasso convenzionale (che neppure si è premurato di contrattare) decisamente superiore rispetto a quello legale.

Alfa, quindi, **neppure ha iniziato i lavori che già è in perdita**.

Aprile 2010

Decorsi più di due mesi, Alfa chiede il pagamento del secondo acconto di € 20.000,00, ma Beta s.r.l. accampa che c'è crisi, che anche i suoi clienti sono ancora in ritardo coi pagamenti, che non è ancora riuscito a vendere nessun appartamento. Insomma, palesa delle difficoltà e chiede di attendere un altro mese.

Maggio 2010

Alfa insiste affinché Beta s.r.l. versi l'acconto di € 20.000,00.

Beta s.r.l., ancora in difficoltà, versa ad Alfa solo € 5.000,00, non mancando di fare osservare che si tratta di un suo sforzo enorme in quel momento.

Per rassicurare Alfa, inoltre, Beta s.r.l. rappresenta che è in trattative per la vendita di un appartamento nel condominio che Alfa sta costruendo, vendita che, appena definita, "sicuramente" gli consentirà di versare il resto dell'acconto.

Alfa si tranquillizza (del resto Beta s.r.l. sta costruendo un condominio e pare stia pure per vendere) e va avanti coi lavori, continuando ad anticipare di tasca sua i costi che di volta in volta si presentano per interessi bancari, personale, materiali, attrezzi, mezzi, etc..

Ed è noto che questi costi hanno una forte incidenza sul valore del contratto: nella migliore delle ipotesi, è almeno del 50%.

Alfa ha quindi anticipato di tasca sua, in pochi mesi, € 50.000,00 a fronte di € 15.000,00 versati da Beta s.r.l. in acconto.

Giugno 2010

Si arriva al termine dei lavori.

Alfa finalmente chiede il pagamento del saldo di € 85.000,00 ed emette fattura fiscale.

Beta s.r.l. rileva che la fattura prevede il pagamento immediato, mentre "per contratto" avrebbe dovuto indicare un pagamento a 120 giorni/data fattura.

Così Alfa, che non si era accorto di questa clausola, è costretto ad adeguarsi.

Ottobre 2010

Sono trascorsi più di 120 giorni e Beta s.r.l. ancora non ha pagato.

Senza mai mettere formalmente in mora il debitore, Alfa si ostina a cercare di incontrare Beta s.r.l.. Crede, infatti, che discutendone di persona risparmierà tempo.

Invece, dopo una serie di innumerevoli telefonate a vuoto, Alfa riesce a rintracciare Beta s.r.l. e a concordare un incontro, in occasione del quale, però, Beta s.r.l. promette verbalmente di pagare un tot al mese, a partire da novembre 2010.

Alfa, piuttosto che correre il rischio di perdere altro tempo, accetta la proposta di pagamento rateale ed attende il pagamento della prima rata.

All'improvviso, però, Beta s.r.l. fa scrivere dal suo avvocato ad Alfa.

Vengono lamentati vizi e difetti delle opere sino ad allora occulti (muffa, infiltrazioni, rotture, etc.).

L'avvocato spiega che per questi motivi nessun pagamento è dovuto ad Alfa.

Anzi, viene addirittura chiesto il risarcimento del danno di € 30.000,00 perché Beta s.r.l. ha dovuto chiamare terzi per porre rimedio a quanto mal realizzato da Alfa ed ha, quindi, subito notevoli ritardi nelle vendite.

Inoltre, l'avvocato rileva che "per contratto" i lavori avrebbero dovuto essere consegnati entro il 31 maggio 2010, mentre sono stati consegnati il 10 giugno 2010. Deve quindi applicarsi la penale prevista "per contratto" di € 1.000,00 per giorno di ritardo, così per € 10.000,00 totali.

La situazione si è notevolmente complicata ed Alfa è costretto a rivolgersi ad un avvocato per farsi tutelare.

L'avvocato di Alfa contesta quanto riferito dall'avvocato di Beta s.r.l. e chiede a quest'ultima di pagare entro pochi giorni il credito di Alfa.

Dicembre 2010

Beta s.r.l. non paga.

L'avvocato di Alfa procede con un ricorso per ottenere dal Tribunale un decreto ingiuntivo, ossia quel provvedimento celermente reso dal giudice con il quale si ordina al debitore di pagare il creditore.

Per fare ciò, chiede un fondo spese ad Alfa per pagare le imposte (sempre più alte) di accesso alla giustizia e le competenze professionali.

Gennaio 2011

Ottenuto il decreto ingiuntivo e portato a conoscenza di Beta s.r.l., quest'ultimo torna dal suo avvocato, il quale, considerati *i)* la presenza di vizi e difetti nelle opere realizzate da Alfa, *ii)* i presunti danni provocati da quest'ultima e *iii)* la penale per ritardo, promuove opposizione al decreto ingiuntivo e chiede al Tribunale di compiere i dovuti accertamenti sia per stabilire se il credito di Alfa è dovuto o meno, sia per condannare quest'ultimo al pagamento di € 40.000,00 a titolo di risarcimento del danno e penale.

Gennaio 2015

Si arriva dopo anni di processo alla sentenza, passando attraverso una serie infinita di udienze, una consulenza tecnica dal costo stellare e disposta dal giudice per accertare vizi e difetti, un'integrazione di consulenza, le prove per testimoni che "stranamente" non ricordano mai nulla oppure "stranamente" ricordano tutto con dovizia di dettagli anche quando vengono sentiti dieci anni dopo il fatto.

Ad ogni modo, ecco la sentenza.

Ipotesi A

Il Tribunale ha accolto le domande del debitore e Alfa viene addirittura condannato a pagare € 40.000,00 a Beta s.r.l. a titolo di risarcimento del danno e penale.

Ipotesi B

Il Tribunale ha accolto le domande di Beta s.r.l., ma ha compensato i rispettivi crediti. Le parti non si devono nulla.

Ipotesi C

Il Tribunale ha respinto l'opposizione e condannato Beta s.r.l. a pagare ad Alfa il saldo dei lavori.

Quindi Alfa - che dispone ora anche di una sentenza a suo favore - decide di procedere con l'esecuzione nei confronti di Beta s.r.l. (altre spese legali), ma allorquando si tratta di accertare se ci sono beni da portare poi all'asta, apprende che:

- Beta s.r.l. è una "scatola vuota" che non era neppure proprietaria del terreno sul quale Alfa ha costruito il condominio;

- Beta s.r.l. già da due anni ha spostato sede a migliaia di chilometri di distanza da Alfa;

- l'amministratore di Beta s.r.l. è stato rimpiazzato nel 2014 da un soggetto pluri-protestato e nulla tenente che ha residenza in un Paese caraibico;

- è pendente su Beta s.r.l. un'istanza di fallimento promossa dall'idraulico che ha realizzato gli impianti proprio nello stesso condominio in cui ha prestato attività Alfa.

Febbraio 2015

Nell'ipotesi *sub* A, Alfa deve pagare € 40.000,00 a Beta s.r.l..

Nell'ipotesi *sub* B, Beta s.r.l. non è tenuta a versare nulla ad Alfa.

Nell'ipotesi *sub* C, Alfa non può soddisfare il suo credito tramite esecuzione perché il debitore non ha nulla da poter aggredire.

CONCLUSIONE

Chiudiamo questo esempio evitando di trattare di appello e ricorso in Corte di Cassazione. Mi limito a riguardo a dire che questi processi comportano un forte aumento delle spese legali.

Facciamo, invece, un bilancio utile a comprendere quanto è valso per Alfa - sino a quel momento - l'appalto di iniziali **€ 100.000,00.**

Bilancio Alfa	attività	passività
Acconti percepiti	€ 15.000,00	
Costi per l'impresa (mezzi, personale, etc.)		€ 50.000,00
Spese legali (nella migliore delle ipotesi)		€ 10.000,00
Danni e penale verso Beta s.r.l. (ipotesi *sub* A)		€ 40,000,00
Totali	€ 15.000,00	€ 100.000,00

Il bilancio è evidentemente negativo.

Dunque l'impresa Alfa, che ha stipulato un contratto con Beta s.r.l. col presupposto di incassare € 100.000,00, ha incassato solo € 15.000,00 a fronte di € 50.000,00 di costi. Alfa dovrà pure versare a Beta s.r.l. € 40.000,00 per danni e penali.

Il credito è chiaramente perso ed Alfa probabilmente ha seri problemi di liquidità.

§

E' un esempio molto forte, ma neppure così estremo.

Sono tuttavia ben evidenti tre errori che ha commesso Alfa, ciascuno dei quali costituirà oggetto di singolo capitolo del mio ebook:

1. Alfa non ha verificato l'affidabilità del cliente al momento del primo contatto e neppure lo ha monitorato nel tempo;

2. Alfa non ha stipulato un contratto con diritti ed obblighi precisi, per mettersi al riparo da possibili inadempimenti di Beta s.r.l.;

3. Alfa non ha approntato quanto era necessario per recuperare il credito nella fase stragiudiziale, lasciando che Beta s.r.l. addirittura lo superasse con una richiesta di risarcimento danni e di penale.

Bene (anzi, male per Alfa), vediamo ora come tutte queste complicazioni possono essere evitati.

CAPITOLO 1

Come valutare in pochi istanti l'affidabilità di un cliente nel momento del primo contatto e nel tempo.

Come ho già avuto modo sia di precisare nell'introduzione al presente ebook, sia di dimostrare nell'esempio che precede, il primo motivo per cui un'impresa rischia di perdere i suoi crediti è dato dal fatto che, specie nei rapporti tra realtà imprenditoriali medio-piccole, **si acquisiscono (e si lavora per) clienti senza condurre alcuna verifica sulla loro affidabilità**.

L'impresa preferisce accollarsi il rischio di lavorare per nulla ed in favore di un soggetto che a volte neppure conosce, piuttosto che - come vedremo ora - spendere pochi euro per condurre rapide verifiche dal suo pc.

Questo modo di procedere è sbagliato.

Occorre mettersi in testa **che non bisogna correre per cercare di avere più clienti possibili da accontentare. Bisogna invece imparare a scegliere e lavorare (con qualità) soltanto per clienti affidabili.**

Un cliente affidabile nei confronti del quale è stata eseguita una prestazione di qualità, non inventerà scuse al momento del pagamento e verserà all'impresa quanto dovuto.

Cerchiamo, dunque, di capire come poter valutare un cliente già al primo incontro e come tenerlo monitorato nel tempo.

Per maggior comodità e comprensibilità della trattazione, distinguerò tra cliente-persona fisica e cliente-persona giuridica (società, cooperativa, etc.).

All'interno della categoria del cliente-persona fisica considererò anche l'imprenditore individuale, poiché è di fatto una persona fisica.

Prima di procedere nella trattazione, però, devo preliminarmente parlarvi del sistema che consente di verificare i clienti.

Da molti anni, infatti, esistono **piattaforme digitali** che consentono di ottenere in pochi minuti vere e proprie "radiografie" del vostro potenziale nuovo cliente. Con pochi "click" si possono ottenere tutte le informazioni necessarie per verificare l'affidabilità di un cliente.

Non occorrono conoscenze particolari. Non bisogna essere "cybernauti". Non è necessario neppure acquistare ed installare software.

Basta disporre di una buona connessione ad internet ed avere in possesso pochi dati del cliente: nome, cognome, ditta, codice fiscale e/o partita IVA.

Tutto poi si verifica *online*.

Sono molte le piattaforme digitali che forniscono questi servizi e tutte di ottima qualità.

Una delle più evolute - dai costi certamente ridotti - è quella predisposta dalla società L'Imprenditore s.r.l. e della quale potete usufruire accedendo e registrandovi al sito **www.leanusdb.com.**

Uno dei valori aggiunti di questa piattaforma è costituito dal fatto che consente **prove gratuite di servizi** (per ovvi motivi limitatati nel contenuto), molto utili per prendere confidenza con un sistema che comunque è già di per sé molto intuitivo.

Registrandovi al sito potrete scegliere tra formule a consumo (si paga solo il servizio richiesto) oppure in abbonamento (integrabile con pochi altri servizi a consumo esclusi).

Per una piccola impresa che dispone di un numero limitato di clienti sarà più conveniente una formula a consumo. Per un'impresa con contatti medio-elevati, un abbonamento annuale (si tratta di poche centinaia di euro) sarà sicuramente più vantaggioso nel tempo.

In ogni caso, sono lieto di potervi ringraziare della fiducia che mi avete accordato con l'acquisto di questo ebook, **fornendovi <u>in omaggio</u> nell'appendice** un codice promozionale che vi consentirà di provare ed utilizzare gra-tuitamente e per un mese alcuni servizi essenziali ed esclusivi della piattaforma leanusdb.

1. La valutazione del cliente-persona fisica.

Disponendo di una piattaforma digitale, la valutazione del cliente-persona fisica è decisamente rapida ed economica (i costi che di seguito indicherò per ogni singola verifica sono estratti dal listino applicato su www.leanusdb.com alla data di pubblicazione del presente ebook).

Il primo passo che dovete assolutamente compiere per stabilire se un cliente è affidabile o meno è quello di verificare se sul suo conto figurano protesti.

Ridotto ai minimi termini, "protestato" è quel soggetto che ha emesso titoli di credito (assegni o cambiali) senza averne legittimazione, ad esempio perché non disponeva dei fondi sul conto corrente oppure perché non aveva autorizzazione ad emettere il titolo.

Come tale, il suo nome figurerà per 5 anni in uno specifico e pubblico registro - oggi informatico - tenuto dalle camere di commercio.

Richiedete, pertanto, una **visura protesti**.

L'esito della richiesta è immediato e vi consente di conoscere subito se in capo al vostro cliente figurano uno o più protesti, per quali importi e per quale causa (difetto di provvista, carenza di autorizzazione, etc.).

Se compaiono protesti è fortemente sconsigliabile fidarvi di quel cliente: non sarà in grado di pagarvi e sicuramente non si farà scrupoli a rifilarvi un assegno o una cambiale inutile (un protesto in più non gli cambia la vita...).

Tenete ben presente che il protesto di un assegno o di una cambiale ha un costo (qualche centinaia di euro) che deve essere sopportato dal creditore.

Evitatelo.

Tempo necessario per ottenere la visura online: **un minuto**.

Costo della visura (per persona): **€ 2,00**.

§

Se non compaiono protesti è già un buon inizio, ma non è ancora il caso di cantare vittoria. Occorre un ulteriore piccolo sforzo.

Richiedete una **visura catastale** ed una **visura ipotecaria**, sfruttando le funzioni della piattaforma che consentono di collegarsi al Catasto ed alla Conservatoria dei Registri Immobiliari.

Con queste verifiche verrete a conoscenza della titolarità di **proprietà immobiliari** (su tutto il territorio nazionale) in capo al vostro cliente e delle **iscrizioni e trascrizioni anche pregiudizievoli** che figurano sulle stesse proprietà.

Perché questo accertamento? Perché ancora oggi il miglior modo per ottenere il pagamento di un credito insoluto è quello di soddisfarsi esecutivamente sugli immobili del debitore dopo essere stati venduti all'asta.

Più beni ha il debitore, più garanzie avrete di poter recuperare il credito in caso di inadempimento.

Se il cliente non risulta proprietario di nulla, evitate, innanzitutto, di ricavare una visura ipotecaria, perché sarebbe solo un costo inutile. Non risulterà nulla.

In tale evenienza, occorre esser consapevoli del fatto che il cliente non è proprietario di beni immobili e, quindi, non dispone di quei beni che meglio garantiscono il recupero del vostro credito in caso di mancato pagamento.

Se, invece, il cliente risulta proprietario di immobili, allora sacrificate pochi altri euro, e verificate tramite una **visura ipotecaria** che sugli stessi beni non figurino iscrizioni o trascrizioni pregiudizievoli in favore di banche, erario, terzi, etc..

Mi riferisco a **ipoteche, pignoramenti, sequestri conservativi e tutte quelle altri iscrizioni o trascrizioni che danno immediata evidenza della assoluta inaffidabilità del cliente**.

Un discorso a parte va fatto per le **ipoteche volontarie**, ossia per quelle ipoteche che sono iscritte in favore delle banche a garanzia di finanziamenti. Di per sé sole queste ipoteche - specie se di modesto valore o datate - non sono pregiudizievoli.

Per contro, ipoteche volontarie recenti, numerose e per valori molto elevati (accanto, magari, ad altre iscrizioni o trascrizioni pregiudizievoli), devono farvi procedere con molta cautela.

Tempo necessario per ottenere le visure online: **circa 5 minuti**.

Costo della visura (per soggetto): **15,00 euro**.

§

Nel caso in cui il cliente persona fisica sia anche imprenditore individuale vale la pena di estrarre dalla piattaforma anche una **visura ordinaria** presso la camera di commercio.

Se il cliente è imprenditore, significa che dispone di un'azienda sulla quale soddisfarsi nel caso in cui non paghi.

Meglio, quindi, conoscere subito questo dato.

La visura consente, in particolare, di ricavare tutti gli elementi "burocratici" e non solo del cliente imprenditore: la sua ragione sociale, la sua sede, la presenza di sedi operative e/o amministrative distaccate, eventuali unità locali diverse dalla sede, il numero di addetti, le iscrizioni agli albi, l'oggetto sociale, eventuali pratiche in istruttoria presso la camera di commercio e molto altro.

Tempo necessario per ottenere la visura online: **un minuto**.

Costo della visura: **€ 4,00 euro.**

§

Concludendo, con queste semplici visure, in una manciata di minuti e con un costo inferiore a 30,00 euro, potete verificare a priori se quel cliente va lasciato perdere o se vale la pena di legarlo a voi con un contratto.

2. La valutazione del cliente-persona giuridica.

Disponendo della ditta, del codice fiscale e/o della partiva IVA del vostro cliente persona giuridica (società, cooperativa, etc.), la prima cosa che occorre estrarre dalla piattaforma digitale è una **visura ordinaria**, meglio ancora se **storica**, presso la camera di commercio.

Come per l'imprenditore persona fisica, questa visura vi consente di ricavare tutti i dati del cliente: ragione sociale, sede, presenza di sedi operative e/o amministrative distaccate, eventuali unità locali diverse dalla sede, numero di addetti, numero e dati anagrafici dei soci, degli amministratori o dei sindaci (se presenti), oggetto sociale, eventuali variazioni nella compagine amministrativa o sociale, eventuali pratiche in istruttoria presso la camera di commercio.

La stessa visura, inoltre, **vi informa subito della presenza e pendenza di eventuali procedure concorsuali** (fallimento, concordato preventivo, etc.) in capo al vostro cliente.

Se riscontrate dalla visura ordinaria che è pendente sul vostro potenziale cliente una procedura concorsuale, certamente quello è un soggetto col quale evitare di fare affari.

Allo stesso modo, l'evidenza di continui spostamenti di sede (magari all'estero, in Paesi da *black list*) o di cambi repentini di amministratori (magari con soggetti stranieri), denotano chiaramente che il vostro cliente sta fuggendo da qualche problema. Va lasciato subito perdere.

In ogni caso, ogni stranezza, anche la più banale, che emerge da questa visura deve assolutamente indurvi a verificare ancora di più.

Tempo necessario per ottenere la visura online: **un minuto**.

Costo della visura: **€ 4,00 (ordinaria) - € 8,00 (storica).**

§

Un altro importantissimo documento che occorre ricavare dalla piattaforma digitale è, anche in questo caso, la **visura protesti**.

Come per la persona fisica, questo documento è fondamentale per escludere a priori l'affidabilità di un cliente.

In poche parole, con la visura protesti potrete subito sapere se il soggetto con il quale potreste avere a che fare emette titoli di credito (assegni, cambiali, etc.) "a vuoto", ossia senza disporre di provvista o senza averne addirittura l'autorizzazione.

E' evidente che un soggetto protestato o, peggio, pluriprotestato (magari per piccoli importi) difficilmente sarà in grado di pagarvi. Un protesto in più (quello del titolo che vi ha consegnato) non disturberà affatto il cliente.

Nel caso di cliente persona giuridica, **la visura protesti va eseguita sulla società, sugli amministratori e, in caso di società di persone (s.n.c., s.a.s., etc.), anche sui singoli soci**.

Vi fidereste di una s.r.l. che ha per amministratore un soggetto pluriprotestato? O magari di una s.n.c. che ha soci protestati? Fidatevi, meglio di no.

Tempo necessario per ottenere la visura online: **cinque minuti**.

Costo della visura (per soggetto): **€ 2,00**.

§

Se la visura ordinaria/storica e la visura protesti non evidenziano nulla di strano, è un buon inizio, ma ancora non è venuto il momento di considerare affidabile il vostro potenziale nuovo cliente.

Occorre fare un ulteriore piccolo sforzo.

Se la piattaforma lo consente (e su www.leanusdb.com è consentito), richiedete anche una **visura pregiudizievoli**, che è quella visura grazie alla quale potrete sapere (indirettamente) se il vostro potenziale cliente dispone di beni immobili e (direttamente) se contro il suo patrimonio insistono ipoteche, pignoramenti, sequestri o altre - appunto - iscrizioni o trascrizioni pregiudizievoli e nei confronti di chi (fornitori, erario, banche, etc.).

Come per il cliente persona fisica, la presenza di una iscrizione o trascrizione pregiudizievole è fortemente indicativa dello carente stato di solvibilità del cliente.

Anche in tal caso, un'ipoteca volontaria concessa in ragione di un mutuo di per sé sola non è indice di rischio (vanno verificati gli stessi presupposti che ho indicato per le persone fisiche).

Per contro, la presenza di ipoteche giudiziali o pignoramenti o altri provvedimenti cautelari (sequestro conservativo, sequestro giudiziario, etc.) deve farvi propendere per tenere lontano da voi quel cliente.

Tempo necessario per ottenere la visura online: **cinque minuti**.

Costo della visura: **€ 15,00**.

§

Ipotizziamo ora che da tutte le precedenti visure esaminate non emergano elementi particolari: in capo al vostro cliente non risultano protesti, procedure concorsuali e iscrizioni/trascrizioni pregiudizievoli.

Il risultato è rasserenante, ma non ottimale.

Per maggior tranquillità, richiedete e verificate almeno l'ultimo **bilancio (con nota integrativa)** che il cliente ha depositato presso la camera di commercio (se soggetto per il quale è previsto l'obbligo di deposito).

Dai bilanci e dalle note integrative è infatti possibile apprendere se il cliente ha debiti elevati (ad esempio verso le banche o verso i fornitori o verso l'erario), magari scaduti da molto tempo, se è proprietario di immobili, se possiede altri mezzi e molto altro.

Per chi non volesse avventurarsi in simili valutazioni (bisogna dirlo, non molto facili), tramite piattaforma digitale di leanusdb.com potete chiedere **report, dossier, analisi finanziaria e dei rischi** riguardanti il vostro cliente. I risultati di questi documenti sono davvero completi e di facile ed immediata comprensione.

Potete anche utilizzare queste verifiche in sostituzione di tutte le altre precedentemente citate, con la consapevolezza che i relativi costi sono più elevati (in media circa € 50,00 per richiesta).

Resta il fatto che questo servizio è a dir poco esclusivo e sicuramente molto, molto utile.

3. Non dimenticate di monitorate il cliente nel tempo!

Abbiamo visto come verificare immediatamente l'affidabilità di un cliente già al momento del primo contatto.

Tutti i dati che avete raccolto sono ovviamente utili per stabilire se in quel dato momento un cliente è solvibile o meno.

Poniamo il caso, però, che la vostra impresa - verificata l'affidabilità iniziale - abbia deciso di acquisire un nuovo cliente e che in forza di questa acquisizione siate tenuti ad eseguire prestazione **prolungata nel tempo (per mesi o per anni).**

In questo caso è fondamentale tenere monitorato il cliente e **verificare periodicamente** (almeno con cadenza semestrale) che la sua situazione patrimoniale ed economica non cambi in peggio.

La piattaforma digitale fornita da www.leanusdb.com a tal riguardo offre un servizio di **monitoraggio automatico** che vi informa via mail e gratuitamente di eventuali variazioni che potrete poi accertare nel dettaglio accedendo al sito.

Un rapido esempio per comprendere meglio questo servizio.

Al momento del primo contatto avete fatto ricerche sul nuovo potenziale cliente tramite la piattaforma citata ed è risultato un soggetto affidabile. Ottimo. Avete quindi stipulato un contratto che vi impegna ad eseguire forniture di beni per almeno un anno. Inserite nella piattaforma digitale la ditta del cliente nell'elenco dei soggetti da monitorare. Verrete così subito informati di qualsiasi variazione che il cliente subirà nel tempo.

Se emergeranno strani spostamenti di sede (magari all'estero) o cambi di amministrazione, protesti, iscrizioni o trascrizioni pregiudizievoli, cessioni di immobili in blocco o altre apparenti stranezze, **correte subito ai ripari.**

Come?

Lo vediamo ora.

CAPITOLO 2

Come "blindare" il vostro cliente al pagamento del credito. Evitate di lavorare per nulla.

Come ho avuto modo di precisare nell'introduzione a questo ebook, la seconda complessità che spesso ho riscontrato nelle pratiche di recupero crediti è data dalla **totale assenza o inadeguatezza di contratti scritti**.

A volte - soprattutto in piccoli contesti, magari amichevoli - si sottovaluta l'importanza di un contratto scritto che regoli puntualmente i rapporti tra impresa e cliente. Tutto viene ridotto ad una inutile stretta di mano.

In molti altri casi, il contratto scritto esiste, ma è raffazzonato o peggio "scaricato" da qualche sito internet e mal confezionato per l'esigenza del caso.

Dovete sapere che se dovessi qui spiegare e trattare tutti gli aspetti dell'istituto del contratto italiano **non basterebbero migliaia di pagine**. Ci sono moltissimi elementi ed aspetti da considerare. Esistono centinaia di orientamenti giurisprudenziali e studi dottrinari.

Insomma, è un vero e proprio universo, nel cosmo del diritto. Fidatevi.

A fronte di questo universo, credete davvero che una stretta di mano sia sufficiente a tutelare i vostri diritti ed interessi? Pensate davvero che un formula di un contratto scaricata da internet (e magari creata su misura per chi svolge un'attività completamente diversa dalla vostra) possa valere incondizionatamente anche per voi?

Se la vostra risposta è affermativa, allora smettete di leggere questa guida. Non ne avete bisogno. Tuttavia, lasciatemi dire che se siete qui a leggerla evidentemente un problema con qualche cliente l'avete avuto pure voi e quindi non siete poi così esperti della materia.

Molto probabilmente la vostra risposta sarà negativa.

In questo caso, è d'obbligo un consiglio: considerate attentamente e maturate fortemente l'idea di munirvi di un buon contratto creato *ad hoc* per voi, rivolgendovi però ad un legale specializzato in materia contrattualistica.

Perché? Perché in questo caso **un avvocato sarà per voi come un sarto che saprà cucire per la vostra impresa un abito su misura, adatto per tutte le vostre esigenze ed in grado di tutelare la vostra impresa ed i vostri crediti**.

Un buon contratto consente non solo di ridurre al minimo i rischi di perdita del credito, ma consente, ad esempio, in caso di mancato o ritardato pagamento da parte del cliente, di potervi far mettere nella condizione di sospendere immediatamente tutte le vostre prestazioni per non aggiungere danno al danno.

Ed è solo un esempio.

Se non avete la possibilità o la voglia di rivolgervi ad un professionista, comunque dovete essere consapevoli, assumendovene la responsabilità, che state maneggiando una materia - quella contrattuale - che **è puro appannaggio di esperti del diritto**.

In questo caso, cercate di applicare almeno alcuni suggerimenti che ritengo preziosi al fine di tutelare maggiormente la vostra impresa dal rischio di perdere crediti.

Per riassumere: ho ben chiarito che questa guida non consente di esplorare tutto l'infinito mondo del contratto, tantomeno ha questo obiettivo. Ribadisco qui e nuovamente che questa guida non vi farà neppure diventare gli scienziati del contratto.

L'obiettivo della guida - ho già detto anche questo - è quello di fornire alcuni suggerimenti che ritengo preziosi al fine di potervi fare avere più forza nei rapporti tra impresa e cliente e quindi meglio tutelare i vostri crediti.

Questo è certamente un obiettivo raggiungibile.

Vediamo come.

1. Precostituite voi il contratto da sottoporre al cliente.

Il primo e "preliminare" suggerimento che ritengo prezioso fornire è questo: **siate voi a precostituirvi il contratto ed a consegnarlo al cliente**. Non lasciate che avvenga il contrario.

La ragione è semplice: avrete maggiore forza contrattuale.

Considerate che il bene o servizio richiesto dal cliente dovete fornirlo voi. La controparte deve "solo" pagare. Quindi siate voi a dettare le regole.

Si è rilevato, infatti, che se è l'impresa a predisporre il contratto, la controparte sarà più propensa ad accettarlo per com'è. Al limite, proverà a proporre alcune modifiche che l'impresa sarà comunque sempre libera di accettare o meno. Di sicuro, la controparte non riuscirà a stravolgere il contratto.

Se invece a predisporre il contratto è la controparte, in buona sostanza l'impresa si troverà nella posizione del cliente esaminata nel caso che precede. Quindi, nella maggior parte dei casi il contratto verrà accettato incondizionatamente dall'impresa oppure quest'ultima si limiterà a proporre piccole modifiche. Con ragionevole certezza, il contratto non verrà stravolto in favore dell'impresa.

In questo secondo caso, **<u>leggete attentamente ogni clausola</u>** e valutate la possibilità di rifiutare la firma e di non legarvi a quel cliente nel caso in cui le condizioni proposte da quest'ultimo dovessero risultare particolarmente pesanti per voi.

2. I requisiti minimi del contratto: la parte iniziale.

Com'è noto, nella parte iniziale del contratto vengono indicati i dati anagrafici delle parti e, tra l'altro, le premesse, l'oggetto (ossia la prestazione che siete tenuti ad eseguire) ed i termini di durata.

§

Quanto ai **dati anagrafici**, il suggerimento è quello di essere quantomai precisi e dettagliati.

Per le persone fisiche/imprese individuali indicate **sempre**: nome, cognome, ditta, luogo e data di nascita, residenza, sede dell'impresa, codice fiscale, partita IVA e numero di iscrizione alla camera di commercio (REA).

Per le persone giuridiche indicate **sempre**: ditta, sede (legale, amministrativa ed operativa), partiva IVA e codice fiscale (generalmente identici), REA. Indicate con precisione anche il soggetto che rappresenta la società e che ha il potere di firma, riportando nome, cognome, luogo e data di nascita, residenza, codice fiscale e l'atto che attribuisce i poteri (statuto, verbale di assemblea, etc.).

Se avete seguito il consiglio che vi ho dato nel capitolo che precede, prima del contratto già dovreste disporre almeno di una visura ordinaria del vostro cliente.

Ce l'avete? Bene, usatela e ricavate da lì tutti i dati.

§

Le **premesse** del contratto generalmente servono ad inquadrare sinteticamente gli interessi delle parti che, quindi, danno in questo luogo atto di voler stipulare un contratto.

So che mi trascinerò addosso molte critiche da parte di qualche tradizionalista, tuttavia ho ragione di sostenere che le premesse rappresentano una parte del contratto piuttosto inutile, pleonastica e che certamente può essere omessa.

§

L'**oggetto del contratto** è invece fondamentale.

Qui va inserita la prestazione che l'impresa deve eseguire. Siate precisi.

Se la prestazione è meglio descritta in progetti, capitolati, relazioni, depliant, brochure o altri documenti in vostro possesso, **non esitate ad allegare il tutto al contratto**.

Indicate quello che la vostra prestazione comprende. Soprattutto, indicate dettagliatamente quello che la vostra prestazione **non comprende.**

I benefici di questa precisazione sono notevoli.

Considerate che buona parte di lunghe controversie giudiziali tra impresa e cliente (sorte magari in ragione di un'azione di recupero crediti) impegnano il giudice a verificare se l'oggetto di una determinata attività compiuta dall'impresa rientri o meno nell'oggetto del contratto e quindi nel prezzo pattuito.

Avete quindi capito perché anche questa precisazione non è affatto un dettaglio da trascurare.

§

Altrettanto importanti sono i **termini di durata del contratto**.

Un contratto ovviamente ha sempre un **termine iniziale** - che generalmente coincide con la data della firma - ed un **termine finale**.

Quanto al primo, va precisato che le parti possono posticipare l'inizio delle prestazioni ad una data successiva rispetto a quella della firma.

L'esempio classico è del committente che vuole subito legarsi ad un'impresa edile per la realizzazione di un fabbricato per il quale sono in fase di rilascio le autorizzazioni amministrative. La data di inizio delle attività da parte dell'impresa sarà quindi rimandata al momento in cui il committente disporrà delle autorizzazioni.

Evitate retrodatazioni, perché non corrispondono alla realtà e potreste avere seri **problemi di coordinamento** con le varie clausole del contratto o con altri documenti direttamente o indirettamente attinenti al contratto.

Mi è capitato, ad esempio, un caso in cui la controparte aveva rilasciato al mio assistito una dichiarazione di conformità di un'opera apponendo una data antecedente non solo a quella del contratto, ma addirittura ad altra sua dichiarazione di pre-conformità (che notoriamente precede la dichiarazione di conformità...).

Un pasticcio che ha creato non pochi problemi alla controparte.

Ancora più attenzione merita il **termine finale, ossia quel termine che per l'impresa coincide con la data entro la quale deve ultimare la prestazione**.

Per il cliente, il termine finale è rappresentato generalmente dalla data ultima entro la quale deve pagare (di questo termine tratterò nel successivo paragrafo).

Entro il termine finale, dunque, la vostra prestazione dovrà essere completata.

Ponete sempre molta attenzione alla data di scadenza. Se non siete sicuri di farcela ad eseguire la vostra prestazione entro una certa data, invece di accettarla incondizionatamente - perché così vuole il cliente o perché avete il timore di perderlo - **insistete per fissarne una più a lungo termine**.

Ricordate, infatti, che molto spesso alla data di scadenza di un contratto sono legate le **penali** (a volte anche molto salate). In questi casi, se ritardate, potreste essere tenuti a pagare importanti somme di denaro al vostro cliente, limitando così il profitto del contratto.

Ricordate anche che se al termine finale indicato nel contratto è attribuita espressamente l'essenzialità (quando si legge, ad esempio, in un contratto che una prestazione deve essere eseguita "*entro e non oltre il termine essenziale del 15 giugno 2015*"), sappiate che, se "sforate," il vostro cliente potrà ritenere subito risolto il rapporto e chiedervi il risarcimento del danno.

Quindi, se in fase di trattative per la stipula del contratto il vostro cliente chiede di indicare un termine finale essenziale o trovate nel contratto espressioni simili a quella sopra riportata, **non accettate o lottate per rimuoverle dal contratto**.

3. (segue): La parte centrale del contratto.

La parte centrale di un contratto è generalmente destinata a contenere - tra l'altro - le clausole che disciplinano il prezzo della prestazione dell'impresa, le modalità ed i mezzi di pagamento, nonché le conseguenze dell'inadempimento del cliente.

§

Il **prezzo**, come noto, rappresenta il valore della prestazione dell'impresa.

Non c'è molto da dire a riguardo, se non un piccolo suggerimento: **indicate sempre se il prezzo della prestazione è al netto o al lordo dell'IVA o di altre imposte**.

Sembrerà banale, ma il prezzo che la controparte è tenuta a pagare è solo quello precisato nel contratto.

Alcuni miei assistiti si sono dimenticati, ad esempio, di precisare che sul prezzo indicato nel contratto avrebbe dovuto essere calcolata ancora l'IVA. Al momento di ricevere il pagamento, il loro cliente ha versato soltanto quello che per l'impresa era rappresentato dalla base imponibile.

Ci vuole un po' di accortezza per non perdere quel fastidioso 22% di imposta.

§

Veniamo ora ad uno degli aspetti principali del contratto: **le modalità temporali ed i mezzi di pagamento del prezzo**.

Notoriamente, il prezzo può essere pagato in una o più soluzioni.

Nel primo caso, specie se il valore della prestazione è alto, per evitare "perdite secche", **fate in modo di pattuire che il pagamento debba essere eseguito prima che la vostra prestazione abbia fine**.

Su questo aspetto l'impresa non deve transigere, ed anzi deve essere risoluta.

Nel caso di pagamento in più soluzioni è opportuno:

a)ridurre al massimo il numero di acconti: se possibile, non più di due, oltre al saldo, da corrispondersi all'inizio, a metà ed alla fine della prestazione;

b)assegnare le giuste proporzioni alla ripartizione del prezzo: generalmente, è all'inizio di un contratto che l'impresa ha maggiori costi (acquisto di materiale, forniture, etc.). Quindi è opportuno che il primo acconto sia sempre più elevato degli altri. Diversamente, è facile che l'impresa si trovi subito in perdita.

Ricordate sempre che **più denaro percepite a titolo di acconto e minore sarà la perdita in caso di mancato pagamento del saldo**.

Non siate mai troppo accondiscendenti col cliente in merito a questi aspetti, perché **il debitore, anche se vostro amico più caro, se ne approfitterà sempre di voi**, specie se gli è noto che magari siete in difficoltà economiche.

Quanto ai **mezzi di pagamento**, ricordato che alla data di pubblicazione del presente ebook sono consentiti in Italia pagamenti in contanti sino all'importo massimo di € 1.000,00, se fornite singole prestazioni di prezzo superiore ad € 1.000,00, **evitate sempre** di pattuire e, per conseguenza, di percepire pagamenti in contante.

Siamo nell'era dei **pagamenti elettronici** (ad esempio, tramite POS). Sfruttateli.

Il **bonifico** è un ottimo mezzo di pagamento. L'accredito, tuttavia, non è istantaneo e va verificato qualche giorno dopo.

Allo stesso modo, **solo se non avete rilevato protesti in capo al vostro cliente**, anche i **titoli di credito** (assegni bancari o circolari, cambiali) sono ottimi mezzi di pagamento che vi consentono, peraltro, di agire immediatamente con un'esecuzione nei confronti del debitore in caso di mancato pagamento.

Sono infatti titoli esecutivi per eccellenza.

Anche in questo caso, l'accredito non è immediato, ma occorre attendere il buon fine dell'incasso.

Per ogni mezzo di pagamento che prevede un accredito non immediato (bonifico e assegno, ad esempio) **pattuite sempre che sarà vostra facoltà iniziare o continuare la prestazione soltanto nel momento in cui avrete rilevato l'effettivo accredito del pagamento sul vostro conto corrente.**

Non è raro, infatti, che un cliente possa inviare una distinta di bonifico estratta da *home-banking* per dare l'apparenza di aver eseguito il pagamento, salvo poi cancellare l'operazione bancaria un secondo dopo aver estratto la distinta.

Non abbiate fretta di lavorare, quindi: attendete l'accredito effettivo del pagamento.

3.1. (segue): Alcuni suggerimenti che aiutano a tutelare l'impresa in caso di mancato pagamento: l'eccezione di inadempimento, la clausola risolutiva espressa, la disdetta ed il recesso.

Può succedere, ovviamente, che un'impresa sia tenuta ad eseguire una prestazione nel tempo durante il quale il cliente si renda inadempiente e non rispetti i termini previsti nel contratto per i pagamenti.

In questi casi molto spesso l'impresa si sente obbligata a continuare ad eseguire la sua prestazione, nel timore che, interrompendo, possa aggiungere al danno (non esser pagata) la beffa (dover risarcire il danno al cliente).

In questo modo si aggiunge perdita (mancato pagamento del prezzo) a perdita (costi per l'esecuzione della prestazione).

Che cosa si deve fare, quindi, se il cliente non paga e l'impresa non ha ancora terminato la prestazione?

Vi indico alcuni accorgimenti.

§

Per evitare questi problemi, il vostro contratto può prevedere, ora per allora, una **eccezione di inadempimento**.

Senza cadere in tecnicismi giuridici, questa eccezione è espressamente prevista dal codice civile, all'art. 1460 c.c..

Tradotta ai minimi termini, questa eccezione funziona così: l'impresa deve eseguire una prestazione in favore del cliente (fornitura di bene o servizio); il cliente deve eseguire una prestazione in favore dell'impresa (pagamento del prezzo); il contratto è quindi sinallagmatico, ossia - non vi spaventate - a prestazioni corrispettive. Quindi, **se una parte non esegue la sua prestazione, l'altra potrà legittimamente rifiutare di eseguire la sua**.

Benché sia contemplata dal codice civile, prevedete comunque espressamente nel contratto che in caso di mancato o ritardato pagamento del prezzo, in tutto o in parte, **l'impresa sarà automaticamente legittimata a sospendere con effetto immediato ogni sua prestazione senza obbligo di avviso al**

cliente e senza che quest'ultimo possa avanzare richieste di risarcimenti, indennizzi, penali o altro.

§

Molto più *tranchant* è la **clausola risolutiva espressa**.

Se l'eccezione di inadempimento apre una parentesi nel rapporto col cliente ("*sino a che non mi paghi, io non continuo la prestazione*"), la clausola risolutiva espressa **libera definitivamente l'impresa dagli obblighi contrattuali nei confronti del cliente in caso di mancato pagamento**.

Se è prevista nel contratto una clausola dal contenuto analogo a "*in caso di mancato o ritardato pagamento, totale o parziale del prezzo superiore a 15 giorni rispetto alla scadenza pattuita del _____, il presente contratto si intenderà risolto di diritto*", vuol dire che se il cliente non pagherà entro un certo termine dalla scadenza, il contratto si scioglierà automaticamente e l'impresa sarà libera da ogni obbligo nei confronti del cliente.

Quest'ultimo, per contro, sarà tenuto al risarcimento del danno in favore dell'impresa.

§

Trattiamo ora brevemente della **disdetta** e del **recesso** con riferimento a quei contratti che prevedono per l'impresa un prestazione continuativa nel tempo e che si rinnovano automaticamente allo scadere di un determinato periodo.

Per meglio chiarire, faccio subito un esempio tipico: la vostra impresa fornisce pane ad un determinato negozio al dettaglio sulla scorta di un contratto che si rinnova automaticamente di anno in anno.

Abbiamo visto nel primo capitolo che l'affidabilità del cliente va monitorata nel tempo e che ci sono piattaforme che consentono di essere informati in automatico non appena si verificano variazioni.

Ipotizziamo quindi che in un certo momento della vostra fornitura di pane vi vengano segnalati dalla piattaforma importanti mutamenti in peggio delle condizioni economiche del vostro cliente (magari ora risulta protestato).

Il cliente è evidentemente in difficoltà economiche e con ragionevole certezza salterà o ritarderà un pagamento mentre voi ancora state eseguendo la prestazione (fornite pane).

Aumentano i rischi di perdere crediti.

E' possibile evitare o limitare questo rischio inserendo nel contratto alcuni accorgimenti utili per svincolarsi subito dal contratto e dal cliente.

Per questi tipi di rapporti è opportuno prevedere nel contratto - **a favore solo dell'impresa** - sia la libera facoltà di disdetta, sia la libera facoltà di recesso.

In questo modo, se siete in prossimità della scadenza annuale del contratto di fornitura (sempre per rimanere in tema con l'esempio poc'anzi indicato) potrete esercitare disdetta. Il contratto non si rinnoverà automaticamente e voi non rimarrete legati al vostro cliente per un altro anno.

Invece, se il contratto si è già rinnovato, allora potrete esercitare recesso. Anche in questo caso, vi libererete subito del cliente, limitando le perdite.

§

Clausole come queste sono importantissime.

Sono i migliori rimedi per evitare di rimanere vincolati ad un cliente che non è più nelle condizioni di pagare.

Ricordate che **errare è umano (concludere un contratto con un cliente non verificato), ma perseverare è diabolico (avere un contratto che tiene legati al cliente anche quando non paga)**.

4. (segue): La parte finale del contratto.

La parte finale del contratto è generalmente destinata a stabilire - tra l'altro - qual è il Tribunale/Foro competente per eventuali liti tra le parti, qual è la legge applicabile al rapporto di specie. La parte finale, inoltre, è sempre destinata all'approvazione specifica delle clausole vessatorie.

§

Come **Tribunale/Foro competente** indicate sempre - se possibile - quello della vostra sede. E' vicino a voi e non avrete bisogno di nominare avvocati "a distanza".

In mancanza di questa indicazione, sappiate che competente potrebbe essere il Tribunale/Foro del cliente, che magari ha residenza o sede a migliaia di chilometri da voi.

§

Avete un'impresa italiana? Lasciate che la **legge applicabile al contratto** sia quella italiana.

Perché complicarsi la vita indicando la legge del cliente magari straniero?

§

Fate attenzione, infine, alle **clausole vessatorie.**

Questo è un aspetto molto delicato del contratto, per il quale è prevista una disciplina particolare che **se non rispettata comporta la nullità delle clausole in questione**.

Ancora una volta cerco di evitare tecnicismi: vessatorie sono quelle clausole che limitano i diritti e le facoltà di una parte del contratto.

Un paio di esempi vi aiuteranno a comprendere meglio.

Se nel contratto formato dall'impresa del nord Italia e firmato da cliente del sud Italia è indicato che Foro competente a decidere delle controversie è quello presso il Tribunale di Milano, questa è un clausola che può limitare il diritto del cliente di adire il Tribunale precostituito per legge e che ben potrebbe essere quello della sua sede o residenza.

Oppure, se nel contratto l'impresa introduce una clausola con la quale vieta alla controparte di recedere liberamente oppure di cedere il contratto a terzi, anche in questo caso si è in presenza di una pattuizione che limita i diritti e le facoltà della controparte.

Ed ancora, se nel contratto dell'impresa è prevista un'eccezione di inadempimento o una clausola risolutiva espressa (ora sapete cosa sono), anche in questo caso si è in presenza clausole vessatorie.

Fate attenzione a queste clausole, perché - ribadisco - **se non vengono approvate specificamente dal vostro cliente, sono nulle**. In termini più chiari, è come se non fossero mai esistite.

Per evitare di incorrere in questa nullità (e magari trovarsi a dover recuperare un credito presso un Tribunale che si trova a centinaia di chilometri da voi), dovete far firmare il contratto due volte al vostro cliente.

La prima volta, in calce al contratto, dove generalmente è indicato "data e firma".

La seconda volta è più complessa.

Innanzitutto, appena sotto la prima firma, deve già comparire nel contratto una precisa dicitura, ossia che il vostro cliente *"dichiara di aver letto attentamente e di approvare specificamente le clausole vessatorie di cui agli articoli del presente contratto n. _____"*.

Premuratevi quindi di completare lo spazio che ho lasciato vuoto con l'esatto numero degli articoli che hanno per oggetto clausole vessatorie.

Questa formula non ha equipollenti. In sostanza, va rispettata per come l'ho scritta e deve essere completata almeno del numero degli articoli che contengono clausole vessatorie.

Fate quindi firmare il cliente anche questa dichiarazione e le clausole vessatorie saranno salve.

Se avete dei dubbi, **non rischiate inutilmente** e chiedete consulenza al vostro legale di fiducia.

5. Le regole formali da rispettare sempre.

Chiudo questo capitolo indicando quattro regole formali importanti, apparentemente banali, me che molto spesso non vengono rispettate.

1) Le clausole di un contratto vanno sempre numerate.

Altrimenti come fate ad indicarle analiticamente nella parte finale del contratto dedicata all'approvazione specifica delle clausole vessatorie?

2) I contratti devono essere redatti in un numero di copie almeno pari a quante sono le parti. Custoditele, poi, queste copie.

Mi è capitato spesso di ricevere clienti che assumevano di aver firmato un contratto, ma di non possederne copia perché era stato formato un unico originale oppure perché era stata smarrita.

3) Tutte le copie del contratto devono essere firmate in originale ed in tutte le pagine (comprese quelle degli allegati).

Sempre!

Questa accortezza evita che la controparte possa alterare il contratto e che ci possano essere differenze tra copia e copia.

4) Non apportate mai aggiunte ad un contratto già firmato.

All'occorrenza, le aggiunte devono essere condivise da tutte le parti e devono figurare su tutte le copie dei contratti. In difetto, ogni aggiunta potrebbe essere considerata un'alterazione ed esporre chi l'ha apportata ad un procedimento penale per reato di falso.

CAPITOLO 3

Come gestire efficacemente il recupero crediti stragiudiziale.

Nei capitoli che precedono avete imparato a verificare l'affidabilità di un cliente al momento del primo incontro e nel tempo. Avete anche imparato quali clausole di un contratto possono consentirvi di tutelare la vostra impresa ed i pagamenti. Avete inoltre imparato come evitare di aggiungere danno al danno, ossia di non essere pagati e di dover continuàre comunque a lavorare per il cliente.

Se applicherete correttamente i suggerimenti che vi ho fornito nei due primi capitoli, ridurrete certamente il rischio di perdita del credito.

Ciò non significa che tutti i vostri crediti siano stati salvati.

Potreste avere crediti pregressi da recuperare. Inoltre, il vostro nuovo cliente, pur affidabile, potrebbe prendersi tempo per pagare.

Sono solo esempi.

Vediamo, tuttavia, come si possono efficacemente recuperare i crediti.

Si tratta di una fase molto importante, che se gestita al meglio - come spero di potervi aiutare a fare in questo capitolo - porterà notevoli benefici in termini di tempo e costi.

Le parole d'ordine che sono alla base di una buona strategia di recupero crediti stragiudiziale sono **rapidità** e **formalismo**.

Se un debitore non vi paga, è inutile tempestarlo di telefonate supplichevoli, invitarlo a fare mille incontri, aspettarlo sotto casa per strappargli mille promesse che non rispetterà mai (e che sono solo utili a farvi perdere ulteriore tempo).

Se un debitore non paga, dovete procedere **velocemente** in due direzioni.

La prima, formale, è quella di **metterlo subito in mora**, facendogli chiaramente intendere che siete intransigenti in ordine a tutto quello che vi è dovuto e che vi deve essere pagato.

La seconda, successiva ed eventuale, è quella di aprire **veloci trattative** per cercare di raggiungere un accordo che preveda un pagamento dilazionato in poche rate e che costituisca per voi un ulteriore chiaro **riconoscimento del debito da parte del cliente**.

Un buon accordo, nella peggiore delle ipotesi, riduce il credito.

1. La messa in mora del debitore: la fase formale.

Appena rilevate che il vostro cliente non paga alla scadenza pattuita oppure è in ritardo da tempo coi pagamenti (perché voi ancora non avevate letto questo ebook e quindi non sapevate come muovervi...), dovete **evitare di essere subito disponibili a concedere una dilazione** (nel primo caso) oppure **di cedere all'ennesima richiesta di dilazione** (nel secondo caso).

Bisogna evitare di concedere subito una dilazione, perché il debitore molto probabilmente vedrà in questo vostro atteggiamento "morbido" una necessità della quale può approfittare. In altri termini, il debitore penserà che se vi accontentate di una dilazione è perché siete anche voi in difficoltà economiche, quindi penserà altresì che avete bisogno di denaro e ne approfitterà nei termini che più volte ho spiegato.

Bisogna evitare di cedere all'ennesima richiesta di dilazione perché se il cliente non paga da tempo, dopo mille solleciti e dopo avervi propinato mille soluzioni di pagamento rateali mai rispettate, cosa vi fa pensare che concedendo un'ulteriore dilazione questa volta il cliente la rispetterà? Non cambia nulla. State solo perdendo altro tempo.

In entrambi i casi, quello che dovete assolutamente e immediatamente fare è **inviare una perentoria lettera di messa in mora** al cliente.

Il messaggio che dovete dare è: "adesso basta, non si perde più tempo".

La lettera di messa mora non ha particolari formalità. E' una lettera raccomandata con avviso di ricevimento. Se il vostro cliente dispone di una PEC, la lettera di messa in mora potrete inviarla anche tramite la vostra PEC.

Non usate altri mezzi (mail ordinaria, sms, etc.) perché non vi consentono di attribuire certezza alla vostra spedizione.

Nella lettera di messa in mora dovete ricordare freddamente al vostro cliente che il termine per il pagamento è scaduto (o che è in ritardo coi pagamenti da tempo), curando di indicare nel dettaglio quale documento consacra il vostro credito (contratto, fattura, assegno, etc.).

Dopo avergli ricordato quello che già sa (ossia che non ha pagato o che è in ritardo coi pagamenti), con la stessa lettera intimategli di provvedere al pagamento **immediatamente**, ossia nel termine di pochi giorni (generalmente otto) dal ricevimento della raccomandata o della PEC.

Dovete intimarli al pagamento di un preciso importo.

A proposito di questa indicazione, rimarrete ora stupiti (se già non vi era noto) nell'apprendere che se si tratta di un credito originato da una transazione commerciale, per via di quanto previsto nel Decreto Legislativo 231/2002, **avete il diritto di chiedere in pagamento al vostro cliente non solo il credito scaduto (ossia il capitale), ma anche gli interessi di mora a tassi particolarmente elevati** (alla data di pubblicazione del presente ebook, pari all'**8,05%**).

In tutti gli altri casi potete (dovete) ovviamente chiedere in pagamento gli interessi legali o convenzionali (quest'ultimi ovviamente solo se figurano pattuiti nel contratto).

Avete difficoltà a conteggiare gli interessi (di mora o legali o convenzionali)?

Non è un problema. Ci sono siti internet che offrono gratuitamente questo servizio (ad esempio, www.avvocati.it): inserite il vostro credito, indicate la data di decorrenza degli interessi e la data ultima del calcolo e in un secondo avrete tutti i risultati ripartiti in funzione delle variazioni nel tempo del tasso di interesse.

Dunque, avete ricordato al debitore che è in ritardo col pagamento; gli avete scritto da dove risulta; gli avete precisato quanto deve pagare (capitale ed interessi); non resta che avvertirlo che se persisterà con questa condotta, la pratica di recupero crediti verrà assegnata e gestita dal vostro legale di fiducia.

Inviate quindi la lettera e, quantomeno formalmente, **mantenete sempre fede a quanto avete scritto**.

In altri termini, non inviate al debitore altre lettere il cui contenuto potrebbe essere in contrasto con quello della lettera di messa in mora. Indebolireste soltanto la vostra posizione.

Il cliente deve pagare. Questo è il motivo per cui gli avete inviato la lettera. Non fate passi indietro.

Una raccomandazione: **curate di conservare copia della lettera (o della PEC) con tutte le ricevute di consegna**: costituiscono una prova importane in un eventuale processo.

2. La messa in mora del debitore: la fase eventuale.

Avete intimato al debitore di pagare entro pochi giorni.

Adesso si possono aprire tre scenari.

Il primo.

Molto probabilmente, dopo che avrete assunto questo atteggiamento formalmente intransigente (con voi non si tratta più!), il cliente comunque cercherà di contattarvi per chiedervi di concedergli una dilazione.

Se questa richiesta perviene da un cliente che è moroso ormai da tempo, che vi ha fatto perdere molti mesi in ragione di promesse di pagamento mai mantenute, che spesso non si è fatto trovare o si è reso irreperibile, che vi ha fatto scomodare tutte le volte per discutere di stralci o dilazioni, etc., **non prestate il fianco alla richiesta**.

Vi ha già ampiamente dimostrato che non pagherà. Affidate subito la pratica al vostro legale di fiducia, perché non vi resta altra alternativa.

Il secondo.

La vostra perentorietà nella lettera di messa in mora potrebbe aver fatto indispettire il vostro cliente, il quale - a volte solo per ripicca - potrebbe iniziare a denunciare vizi e difetti asseritamente occulti delle opere, di aver subito danni, ritardi, di aver diritto a penali o altro.

Anche in questo caso, non prestate il fianco a questi "capricci" ed affidate subito la pratica al vostro avvocato di fiducia.

Evitate di replicare voi direttamente, perché il debitore ha complicato notevolmente le cose e quindi tutto quello che scriverete "potrà essere utilizzato dal debitore contro di voi".

Il terzo.

Avete a che fare con un debitore che vi ha sempre pagato regolarmente e che per una o due volte sta ritardando il pagamento.

Pur avendo assunto una posizione irreprensibile con la lettera di messa in mora, se il debitore vi formulerà una **seria proposta di dilazione - purché breve** - non c'è motivo per non accordarla a priori.

Per seria, intendo una proposta che preveda subito il pagamento almeno del 50% del vostro credito residuo.

Fatela formulare per iscritto e, soltanto dopo, valutatela.

Se la proposta non è seria o se la dilazione non è breve, non perdete tempo e procedete assegnando la pratica al vostro legale di fiducia, il quale, peraltro, sarà particolarmente contento di disporre di una proposta scritta proveniente dal debitore, in quanto costituisce quello che tecnicamente si chiama **riconoscimento di debito.**

Tale documento gli consentirà di ottenere subito dal giudice un provvedimento esecutivo contro il debitore.

In ogni caso, quindi, non avete perso tempo per nulla.

3. La diffida ad adempiere.

Dedico l'ultimo paragrafo dell'ultimo capitolo di questo libro alla diffida ad adempiere, più che altro per fare chiarezza di concetti e farvi evitare di utilizzare termini non appropriati quando scrivete al debitore.

Con la lettera di messa in mora voi **intimate al debitore di pagare il vostro credito, aumentato degli interessi, entro il termine che stabilite voi (in genere 8 giorni)**.

In questo caso, il contratto tra impresa e debitore non cessa di esistere, ma continua a produrre i suoi effetti.

La messa in mora ha altresì l'effetto di **interrompe il termine di prescrizione del vostro credito**. Evita, in sostanza, di renderlo irrecuperabile per decorso del tempo, essendo noto che i diritti (in questo caso di credito) se non esercitati a lungo da parte di chi ne ha il potere o la facoltà, si estinguono.

Con una diffida ad adempiere, invece, voi **diffidate il debitore - appunto - ad adempiere all'obbligo contrattualmente assunto nei vostri confronti di pagare il vostro credito entro un termine che NON PUO' MAI essere inferiore a 15 giorni**.

Se alla diffida ad adempiere non segue il pagamento, il contratto tra le parti si intenderà **risolto automaticamente** e subito sarete liberi da qualsiasi obbligo nei confronti del vostro debitore.

Per riassumere, nel primo caso semplicemente intimate al vostro debitore di pagare, ma il contratto continua ad avere efficacia tra le parti. Nel secondo caso, diffidate ad adempiere il debitore, con la conseguenza che se ancora non pagherà, il contratto cesserà subito di avere efficacia.

Ho tenuto a precisare questa differenza, perché molto spesso mi sono imbattuto in lettere predisposte da miei assistiti, con le quali, nella migliore delle ipotesi, hanno diffidato il debitore allorquando avrebbero voluto semplicemente intimarlo. Oppure hanno inteso diffidare il debitore ad adempiere concedendo, però, un termine inferiore a 15 giorni, inutile ai fini della risoluzione.

Siate voi, in base al contesto, a scegliere se il vostro interesse è quello di mettere in mora il cliente per ottenere il pagamento e per proseguire il rapporto (in caso di pagamento), oppure se intendete diffidarlo ad adempiere nella prospettiva di liberavene se non paga.

CONCLUSIONI

Ho terminato questa rapida carrellata di suggerimenti che spero vivamente possa esservi stata di aiuto per eliminare o limitare fortemente i rischi di perdita dei vostri crediti nei rapporti coi clienti.

Sono sicuro che se rispetterete correttamente i suggerimenti qui contenuti non potrete che avere benefici.

Ricordate sempre che il vostro obiettivo non è quello di avere un numero di clienti che sia il più elevato possibile, bensì quello di annoverare tra i vostri clienti soltanto quelli più affidabili.

Vi ho spiegato come fare a selezionarli, quindi non perdete tempo con clienti che prima ancora di firmarvi un contratto già palesano inaffidabilità.

Se il vostro cliente è serio ed affidabile, comunque ricordate sempre che un buon contratto (il vostro) farà la differenza se disciplinerà in maniera efficace i principali diritti e doveri delle parti.

E se proprio dovete avere a che fare con qualcuno che non vi paga, attuate una strategia di recupero crediti che sia efficace, ossia vi porti a recuperare velocemente il credito oppure vi consenta di rivolgervi all'autorità giudiziaria nel migliore dei modi.

Lasciatemi, infine, ringraziarvi per l'opportunità che mi avete dato, acquistando questo ebook, di aver contribuito a fornirvi un aiuto - spero - concreto.

E' stato per me un onore.

Grazie.

Appendice

Nel primo capitolo del libro ho avuto modo di parlarvi della piattaforma digitale realizzata da L'Imprenditore S.r.l. e della quale si può usufruire accedendo al sito www.leanusdb.com.

Per ringraziarvi dell'acquisto del mio ebook, sono lieto di comunicarvi che accedendo al sito www.leanusdb.com, registrandovi e digitando il codice promozionale

LNS22ERVOST25

potrete usufruire della piattaforma **gratis, per un mese**, beneficiando anche dei seguenti servizi:

- valutazione del profilo di rischio di qualsiasi impresa italiana
- analisi dei relativi numeri
- monitoraggio di depositi bilancio e variazioni camerali
- acquisizione di dati e informazioni

Dopo il primo mese, se sceglierete di abbonarvi al servizio, riceverete come ulteriore omaggio 50 crediti da utilizzare in servizi a consumo.

Ricordate che se volete essere sicuri di avere a che fare solo con clienti affidabili e, quindi, se volete essere sicuri di limitare i rischi di perdita di crediti, l'uso di questa piattaforma, particolarmente sviluppata ed integrata, è indispensabile.

INDICE